Die blaue Fibel

Arbeitsheft

Teil 2

Herausgegeben von Kurt Meiers

Erarbeitet von

Gertrud Binder
Friederike Kämpf
Kurt Meiers
Christel Weigle-Haarmann

unter Beratung von

Brigitte Beldermann
Ingrid Böttcher
Ursula Francke
Waltraud Frische
Christa Goebes
Ortrud Hölzer

Grafik: Inge Gürtzig

Cornelsen

Die blaue Fibel
Arbeitsheft **Teil 2**

Herausgegeben von Kurt Meiers

Erarbeitet von

Gertrud Binder
Friederike Kämpf
Kurt Meiers
Christel Weigle-Haarmann

Redaktion: Henriette Naumann-Harms und Gabriela Borowiak
Grafik: Inge Gürtzig
Schrift (Schreibübungsseiten): Katharina Wolff
Technische Umsetzung: Jutta Artz und Jürgen Korup

Hinweis
Die mit einem (✱) versehenen Aufgaben enthalten Differenzierungsmöglichkeiten.

Bestandteile der Blauen Fibel

Die blaue Fibel	(Bestell-Nr. 75028)
Arbeitsheft Teil 1 und 2	(gemeinsame Bestell-Nr. 75036)
Schreiblehrgang LA	(Bestell-Nr. 74773)
Schreiblehrgang VA	(Bestell-Nr. 74781)
Schreiblehrgang Schul-A	(Bestell-Nr. 74790)
Lese-Mal-Blätter	(Bestell-Nr. 74722)
Tafelwort- und Buchstabenkarten	(Bestell-Nr. 74820)
Lehrerhandbuch mit Kopiervorlagen	(Bestell-Nr. 75044)
Kopiervorlagen (gesondert)	(Bestell-Nr. 74730)
Handpuppe Toto	(Bestell-Nr. 74811)

1. Auflage – 3. Druck 1994
Alle Drucke dieser Auflage können, weil untereinander unverändert,
im Unterricht nebeneinander verwendet werden.

Druck: Druckhaus Langenscheidt, Berlin

Die Arbeitshefte Teil 1 und 2 sind erforderliche Bestandteile des Leselehrgangs und werden nur gemeinsam abgegeben. Arbeitsheft Teil 2 (74757) ist nicht einzeln bestellbar.

ISBN 3-464-07503-6 – (Arbeitsheft Teil 1 und 2)
Bestellnummer 75036 – (Arbeitsheft Teil 1 und 2)

Gedruckt auf Recyclingpapier,
hergestellt aus 100% Altpapier.

①

Nashorn Nuffi trottet herum.
Toto ist fort.
Nuffi ruft: „Toto! Toto!“
Toto rennt heran.

②

N	NASETLORNAMESRFNADELFRNI
n	neinltmalentsrmrufenolfnuntaren

③

Nase	N	Ente
Ofen		Tante
Laterne		Mantel

Fibelseite 28/29 – Lesen und erzählen. N/n einkreisen (✱).
Passende Wörter einsetzen.

N n

①

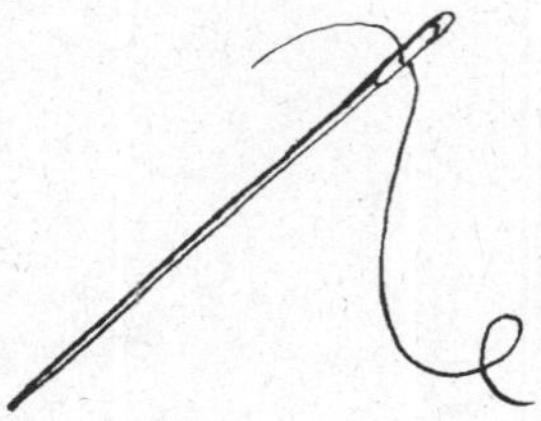

②

Toto ruft:

Hallo, turnt mal! Alle turnen.

Hallo, trommelt mal! Alle trommeln.

Hallo, hustet mal! Alle husten.

Hallo, rennt mal! Alle rennen.

Hallo, ruft mal Hu! Alle rufen Hu!

③

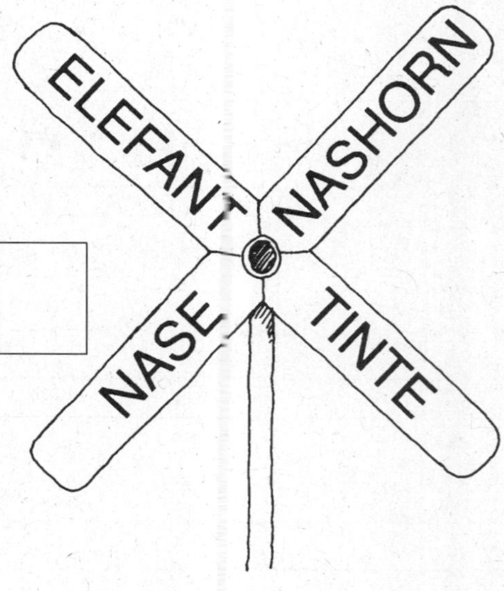

Fibelseite 28/29 – Stellung des n-Lautes im Wort angeben (✱).
Lesen. Wörter einsetzen.

N N

n n

Name

Nashorn

Nashorn Nuffi rennt.

A a
B b
C c
D d
E e
F f
G g
H h
I i
J j
K k
L l
M m
N n
O o
P p
Qu qu
R r
S s
T t
U u
V v
W w
X x
Y y
Z z
Ä ä
Ö ö
Ü ü
Au au
Ch ch
Ei ei
Pf pf
Sch sch
ß
tz

ch

ch ch

ch ch

Nacht

machen

Achim macht Licht.

A a
B b
C c
D d
E e
F f
G g
H h
I i
J j
K k
L l
M m
N n
O o
P p
Qu qu
R r
S s
T t
U u
V v
W w
X x
Y y
Z z
Ä ä
Ö ö
Ü ü
Au au
Ch ch
Ei ei
Pf pf
Sch sch
ß
tz

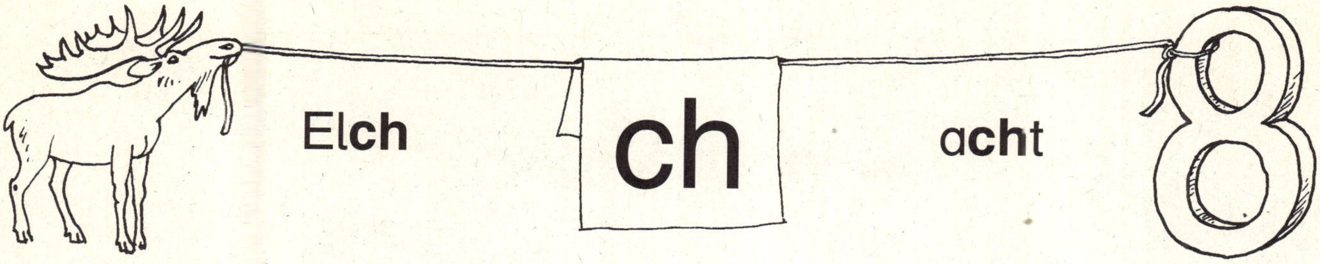

①

Es ist Nacht.
Achim ruft:
„Macht mal Licht!
Ich sehe nichts."

② ch | lachentlrechnenstlrichlmichslono

③

ach	ich	lachen
acht	mich	machen
macht	nicht	suchen
lacht	Licht	rechnen
Nacht		horchen

ch

①

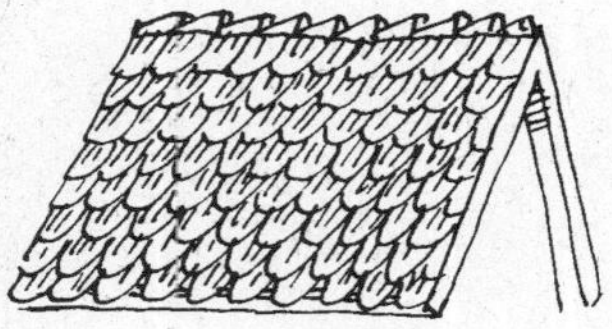

②

O	L	I	C	H	T	A	F	O	N	A	C	H	T
M	A	C	H	E	N	L	R	H	O	C	H	T	U
S	T	H	F	A	C	H	N	I	C	H	T	O	C
T	U	C	H	S	L	O	C	H	R	T	A	S	H
R	E	C	H	N	E	N	L	S	U	C	H	E	N

③

Ach Mama!

Mama sucht ihr Halstuch.

„Mach mal Licht, Achim!“

Achim sucht mit.

Er ruft: „Ich sehe es!“

Er lacht: „Ach Mama!“

Mama lacht mit.

Fibelseite 30/31 – Stellung des ch-Lautes im Wort angeben (✱).
Wörter suchen und einkreisen (waagerecht und senkrecht). Lesen und erzählen.

① 

Mirko kocht Kakao.
Sina kommt mit Keksen.

Katrin macht Kartoffelsalat
mit Kresse.

Kater Amo hat Futter.
Hat Amo Knochen?

②

K	K E K S E O L M K A K A O L T I S K A F F E E R
k	k o m m e n l o r k k a u f e n h l t s u k ä m m e n r t

③

Klas Kof Kel Kis Kek Ku

fer se ler se sen chen

Fibelseite 32/33 – Lesen und erzählen. K/k einkreisen (✱).
Wörter aus Silben zusammensetzen.

K k

①

② In Omas Klamottenkiste erkennt Lisa

- [x] Omas Hut
- [ ] alte Hosen
- [ ] Mamas Kette
- [ ] Tante Katrins Uhr
- [ ] Sommerhosen
- [ ] Kissen
- [ ] Turnhosen
- [ ] Omas altes Halstuch

Fibelseite 32/33 – Stellung des k-Lautes im Wort angeben (✱).
Lesen und abgebildete Gegenstände ankreuzen.

K K

k k

Klasse

kochen

Mirko kocht Kakao.

A a
B b
C c
D d
E e
F f
G g
H h
I i
J j
K k
L l
M m
N n
O o
P p
Qu qu
R r
S s
T t
U u
V v
W w
X x
Y y
Z z
Ä ä
Ö ö
Ü ü
Au au
Ch ch
Ei ei
Pf pf
Sch sch
ß
tz

W w

Wasser

wir

Wo ist Walter?

A a
B b
C c
D d
E e
F f
G g
H h
I i
J j
K k
L l
M m
N n
O o
P p
Qu qu
R r
S s
T t
U u
V v
W w
X x
Y y
Z z
Ä ä
Ö ö
Ü ü
Au au
Ch ch
Ei ei
Pf pf
Sch sch
ß
tz

①

Wer? Wer? Wer?

Wer hat Wollreste?

Wolfi

Wer kommt mit mir ins Kino?
Walter

Wer macht mit im Kochkurs am Mittwoch?

Um 3 Uhr!
Winni

Suche Wellensittich!

Wilma

②

W	(W)ALDOLTWURMSTLMÖWETULSA
w	(w)eitltowartenmlwonwandernslmwi

③

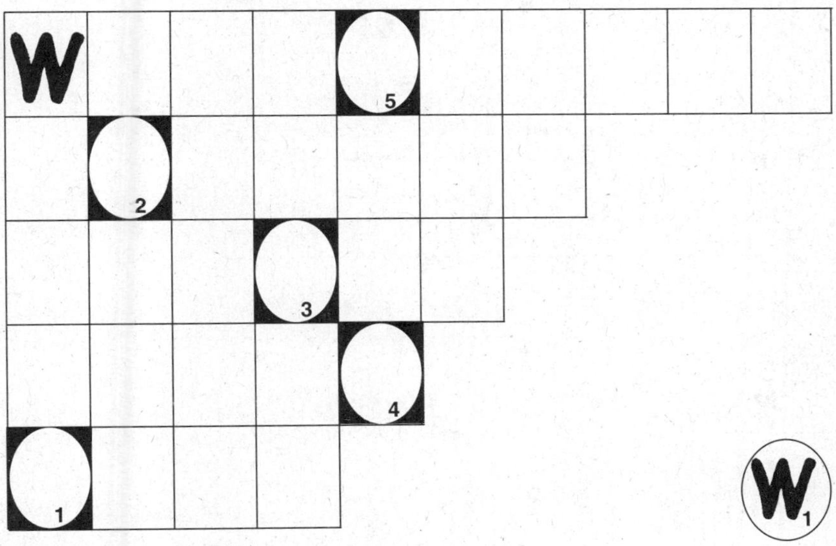

WURM
WURST
WINTER
WAFFELN
WASSERHAHN

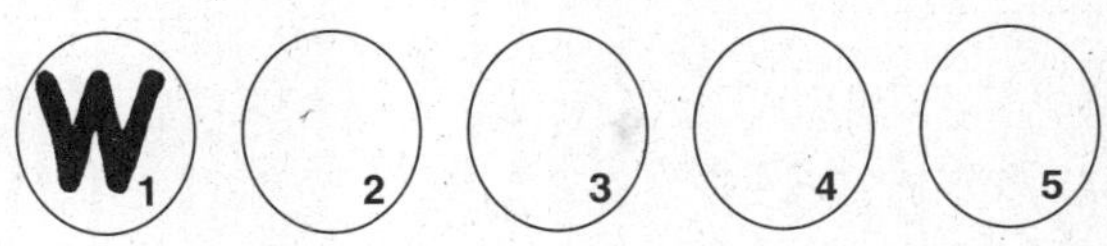

Fibelseite 34/35 – Lesen und besprechen. W/w einkreisen (✱).
Wörter eintragen und Lösungswort einsetzen.

W w

①

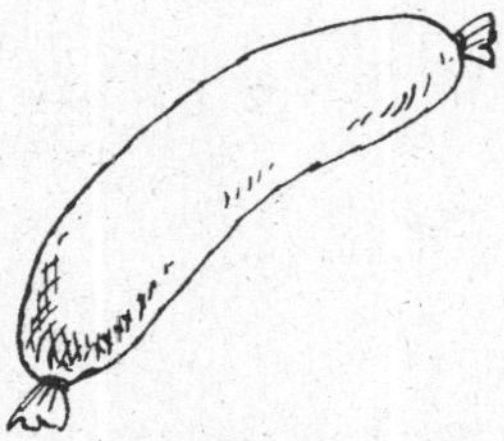

②

Marmor	torte
Tee	kuchen
Sahne	tasse
Kaffee	teller
Wasser	kessel
Wurst	kanne

③ Wir

Wir wollen.

Wir wollen Westen.

Wir wollen Wollwesten.

Wir wollen warme Wollwesten.

Wir wollen im Winter warme Wollwesten.

Warum wollt ihr im Winter warme Wollwesten?

Fibelseite 34/35 – Stellung des w-Lautes im Wort angeben (✱).
Wörter passend zu den Abbildungen zusammensetzen. Lesen.

①

1 Milli Maus saust ins Haus.

2 Klaus rennt raus.

3 Wo ist Klaus? Ist Klaus im Auto? Male Klaus.

②

AU	AUTOLRAUGEOTMAUSTERISAST
au	raufenmtlrlaufenwmbrauchenitauf

③

aus

Taucher
auch
~~aus~~
auf
Klaus
Auto

Au au

①

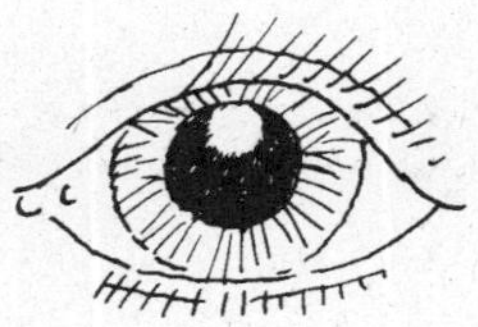   

②

 l aufen

 auchen

 aufen

 auchen

 aufen

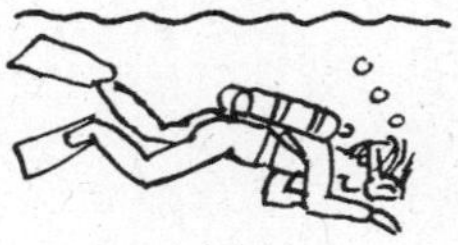 auchen

③

Alle laufen ins Haus. 4

Mimi klaut Wotans Knochen.

Klaus ruft: „Au! Aua!“

Mamas Auto ist im Hof.

Fibelseite 36/37 – Stellung des au-Lautes im Wort angeben (✱).
Wörter ergänzen. Sätze den Abbildungen zuordnen, Nummern eintragen.

Au au

Au Au

au au

Auto

laufen

Alle laufen ins Haus.

A a
B b
C c
D d
E e
F f
G g
H h
I i
J j
K k
L l
M m
N n
O o
P p
Qu qu
R r
S s
T t
U u
V v
W w
X x
Y y
Z z
Ä ä
Ö ö
Ü ü
Au au
Ch ch
Ei ei
Pf pf
Sch sch
ß
tz

D D

d d

Dose

Rad

Die Kinder helfen Fridolin.

A a
B b
C c
D d
E e
F f
G g
H h
I i
J j
K k
L l
M m
N n
O o
P p
Qu qu
R r
S s
T t
U u
V v
W w
X x
Y y
Z z
Ä ä
Ö ö
Ü ü
Au au
Ch ch
Ei ei
Pf pf
Sch sch
ß
tz

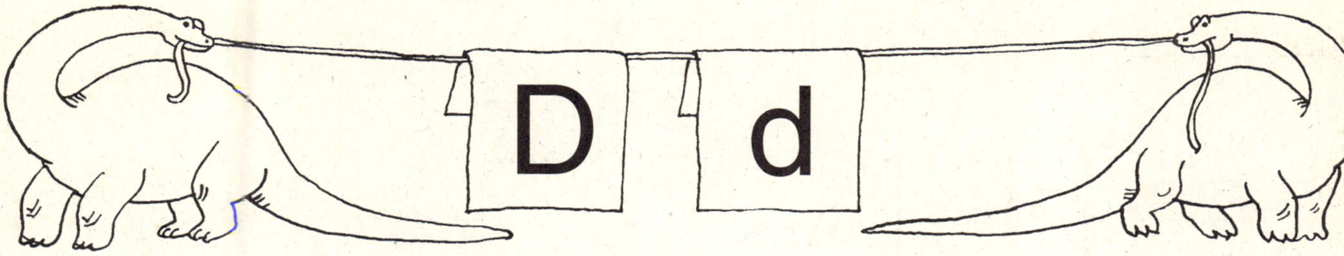

① **Fridolin**

Alle Kinder warten auf den frechen Fridolin.

Fridolin kommt.

Fridolin ruft: Lidokork! Lidokork!

„Kinder, ruft mal alle laut:

Lidokork!“

Alle rufen.

Lisa wundert sich: Lidokork?

Was ist denn das?

②

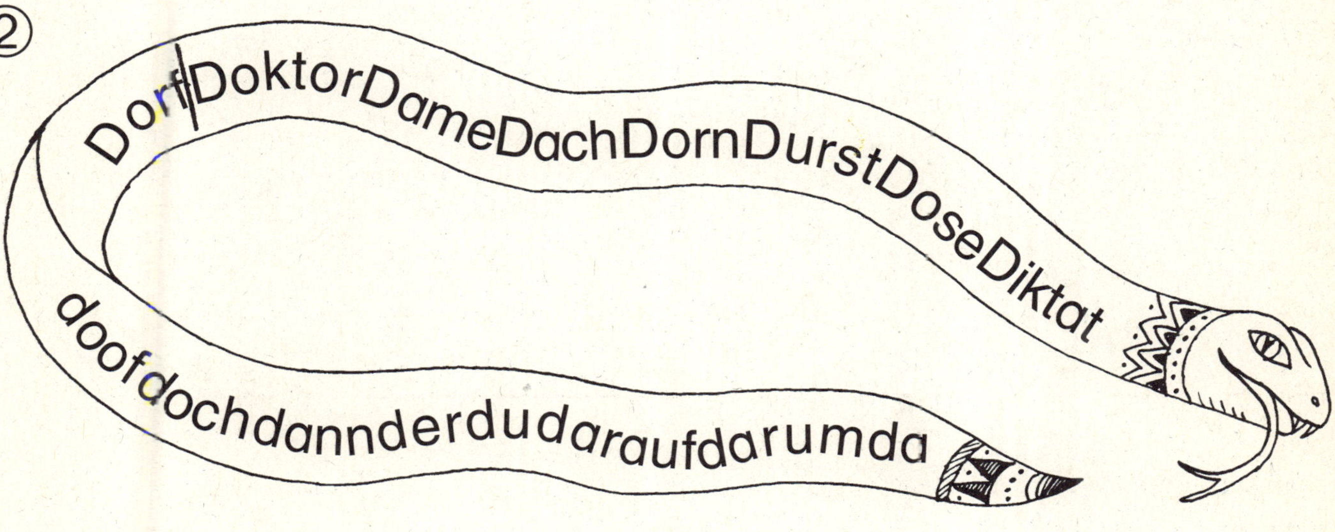

Fibelseite 38/39 – Lesen und besprechen. Wörter durch senkrechte Striche voneinander trennen.

D d

①

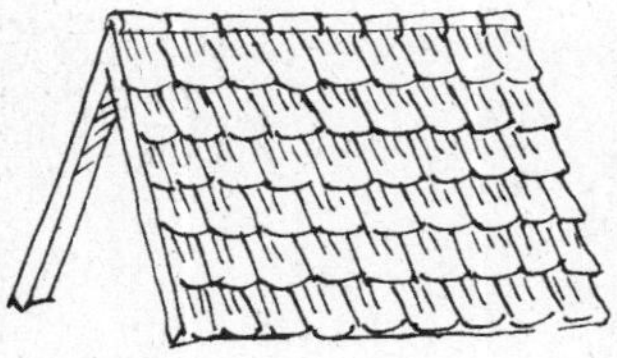   

②

D	DACHNMODACKELTRIDOSETNM
d	dertfdunkelmtadooftsrdicklorsdrei

③

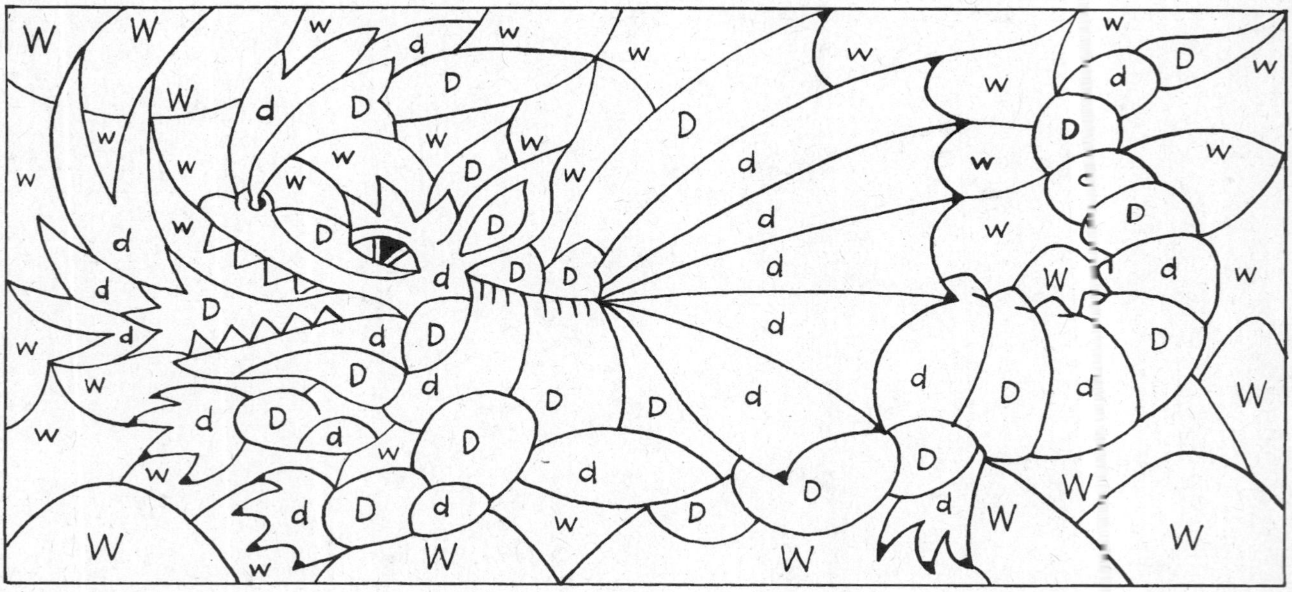

Was ist das?

Male alle (D) lila an. Male alle (d) rot an.

Male alle (W) und (w) anders an,

nur nicht rot und nicht lila.

Fibelseite 38/39 – Stellung des d-Lautes im Wort angeben (✱).
D/d einkreisen (✱). Lesen und ausmalen.

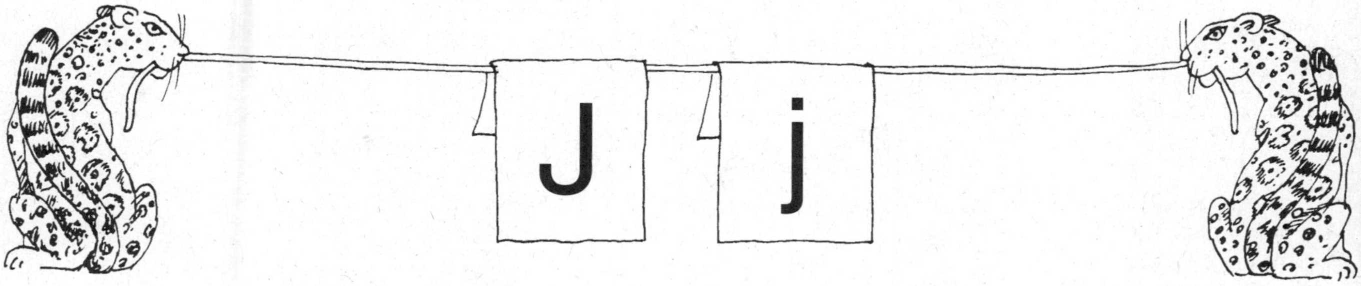

① 

Das Jahr hat 12 Monate.

Der Januar ist der erste Monat.

Dann ist es Winter.

Juni und Juli sind Monate im Sommer.

Kennst du noch andere Monatsnamen?

②

J	JANUAROLTJULIMTSJAHRTJAGD
j	jederdmjemandosltjenseitsndjagen

③

Juliane | Tanja | Januar | Julia | Juni | Julius

Jan | Juli | Jochen | Jasna | Johanna

Male alle Kindernamen rot an. Male alle Monatsnamen lila an.

④ J j

Fibelseite 40/41 – Lesen und besprechen. J/j einkreisen (✱).
Lesen und farbig markieren. Stellung des j-Lautes im Wort angeben (✱).

Ei ei

① ja nein

Ist das eine Ameise? ☐ ja ☒ nein

2

Ist das eine Eins? ☐ ja ☐ nein

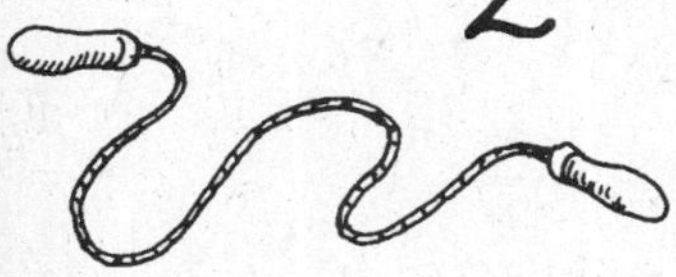

Ist das ein Seil? ☐ ja ☐ nein

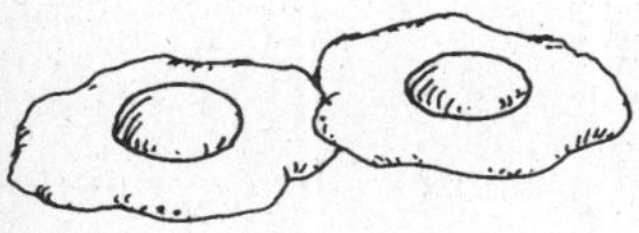

Sind das harte Eier? ☐ ja ☐ nein

② Ei ei

③ Ei, ei, ei

Wenn H◯ko und Mar◯ke raufen,

ruft Frau M◯er:

„Was soll so ◯ne Raufer◯?"

Fibelseite 42/43 – Lesen und ankreuzen. Stellung des ei-Lautes im Wort angeben (✱). Lückenwörter ergänzen.

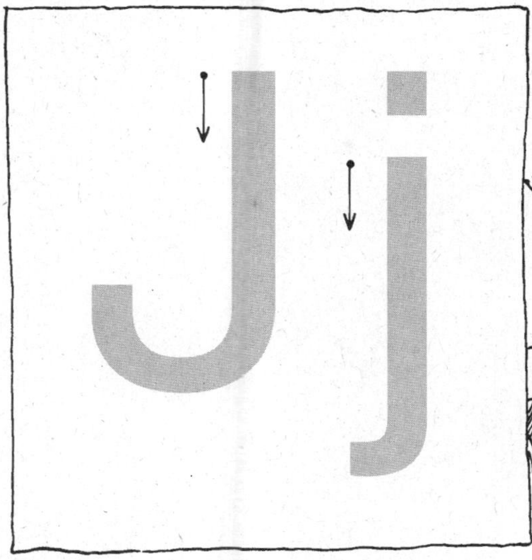

A a
B b
C c
D d
E e
F f
G g
H h
I i
J j
K k
L l
M m
N n
O o
P p
Qu qu
R r
S s
T t
U u
V v
W w
X x
Y y
Z z
Ä ä
Ö ö
Ü ü
Au au
Ch ch
Ei ei
Pf pf
Sch sch
ß
tz

J J

j j

Januar

ja

Julia malt Jan an.

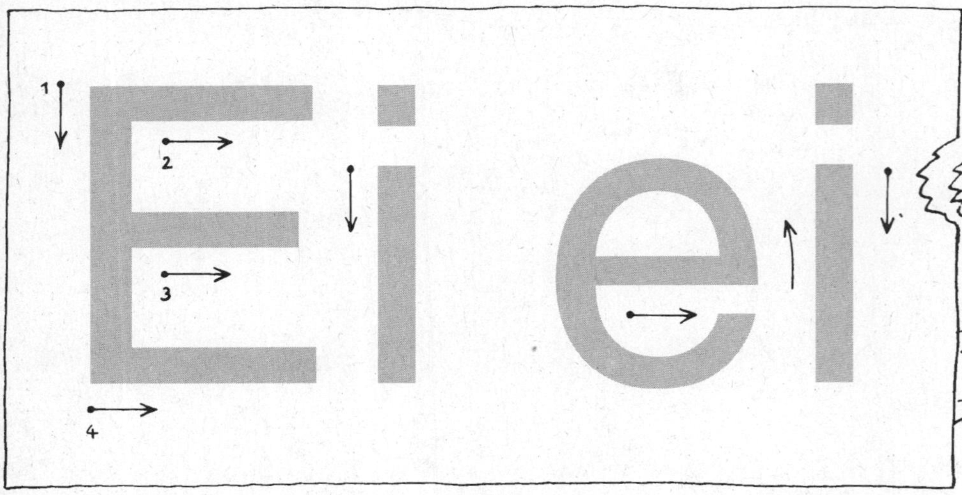

Ei Ei

ei ei

Eis

nein

Heiko hat ein Eis.

A a
B b
C c
D d
E e
F f
G g
H h
I i
J j
K k
L l
M m
N n
O o
P p
Qu qu
R r
S s
T t
U u
V v
W w
X x
Y y
Z z
Ä ä
Ö ö
Ü ü
Au au
Ch ch
Ei ei
Pf pf
Sch sch
ß
tz

ck

Dackel

①

Rock	Socken	Wecker	Sack

②

ack | eck | ~~uck~~ | ick | ock | ock

R | uck | s |

k | | e | n

l | | e | n

S | | e | n

R |

③

tick tack

tick tack

ticke tacke

ticke tacke

ticke tacke ticke tacke

ticke tacke ticke tacke

Fibelseite 42/43 – Lesen, ck als Laut/Buchstabenverbindung erarbeiten. Lückenwörter ergänzen. Lesen.

Das ist Peter.

Peter ist Lisas Papa.

Er ist Maler.

Pia ist Lisas Mama.

Pia ist Kauffrau.

Auf Papas Tapetenreste kann Lisa toll malen.

Fibelseite 44/45 – Lesen und besprechen. Malen.

Pp

①

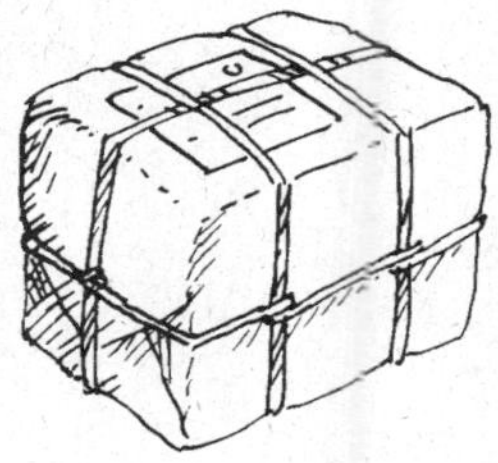	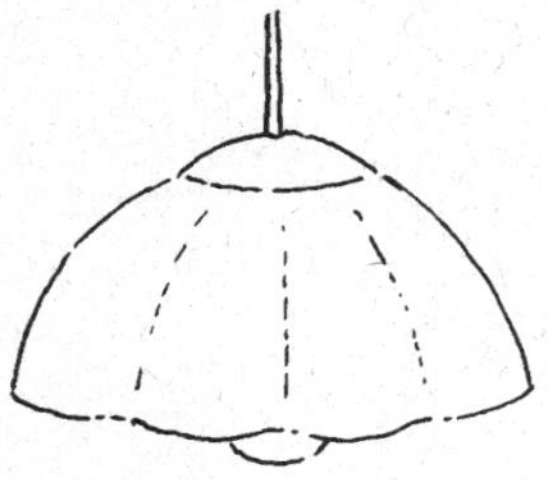	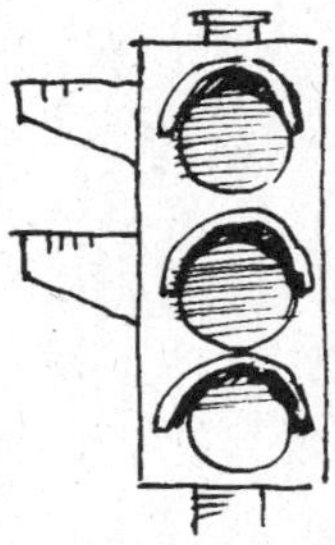	

②

P | PAPANTLOPAESTAMPELTPAUSE

p | parkendltpackensmnowippenstlme

③

Rose

H	o	s	e

Pappe

Puppe

Lippe

Panne

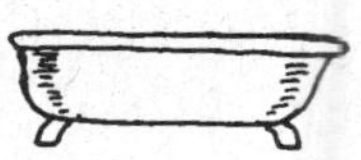

Keller

Halme

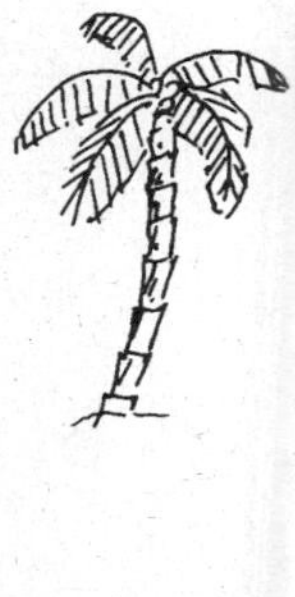

Leder

Fibelseite 44/45 – Stellung des p-Lautes im Wort angeben (✱).
P/p einkreisen (✱). Reimwörter eintragen.

① Kannst du das lesen?

E M A S T L E S N E M A N

☐☐☐☐☐☐☐☐ ☐☐☐☐☐ !

I P P I P S A M O H T A K I N N A

☐☐☐☐☐ ☐☐☐☐☐☐ ☐☐☐☐☐☐

I P P I P T A H N E N I E N E F F A

☐☐☐☐☐ ☐☐☐ ☐☐☐☐☐ ☐☐☐☐☐ .

N I E S E M A N T S I

☐☐☐☐ ☐☐☐☐ ☐☐☐

R R E H N O S S L I N

☐☐☐☐ ☐☐☐☐☐☐☐ .

②

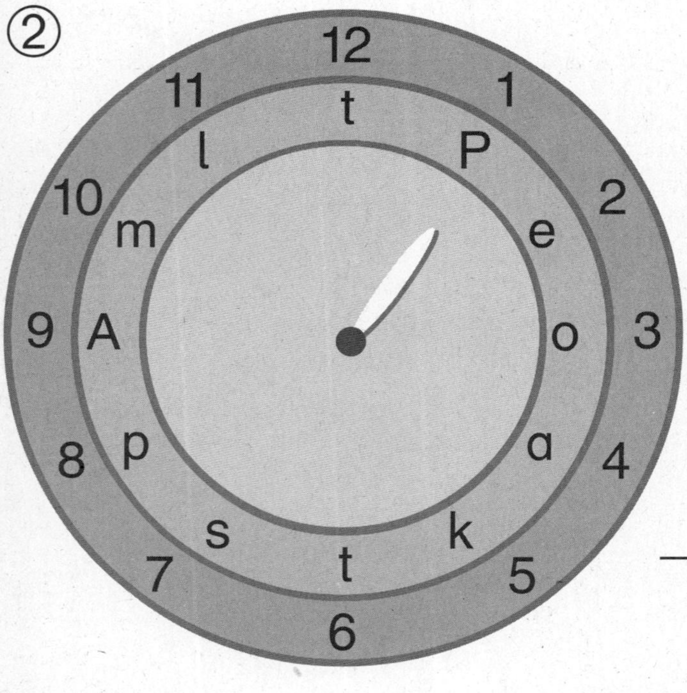

P
___ ___ ___ ___
1 3 7 6

___ ___ ___ ___
1 4 8 4

___ ___ ___ ___ ___
1 4 5 2 12

___ ___ ___ ___ ___
9 10 8 2 11

Fibelseite 44/45 – Wörter rückwärts lesen und richtig eintragen.
Wörter aus Buchstabenuhr entschlüsseln und eintragen.

P p

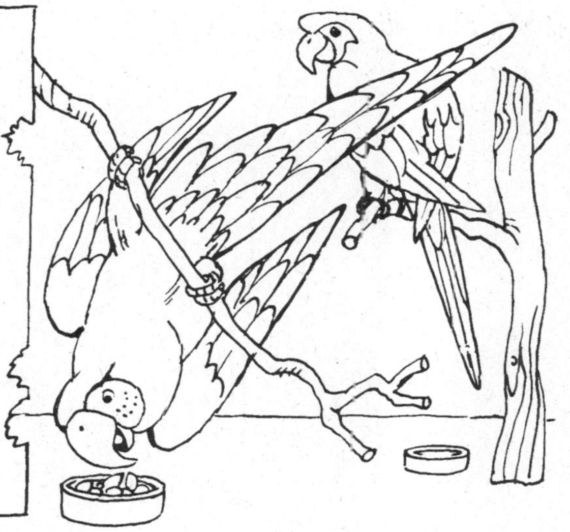

P P

p p

Papa

packen

Papa packt ein Paket.

A a
B b
C c
D d
E e
F f
G g
H h
I i
J j
K k
L l
M m
N n
O o
P p
Qu qu
R r
S s
T t
U u
V v
W w
X x
Y y
Z z
Ä ä
Ö ö
Ü ü
Au au
Ch ch
Ei ei
Pf pf
Sch sch
ß
tz

G g

A a
B b
C c
D d
E e
F f
G g
H h
I i
J j
K k
L l
M m
N n
O o
P p
Qu qu
R r
S s
T t
U u
V v
W w
X x
Y y
Z z
Ä ä
Ö ö
Ü ü
Au au
Ch ch
Ei ei
Pf pf
Sch sch
ß
tz

G G

g g

Geld

gern

Gesa mag Giraffen.

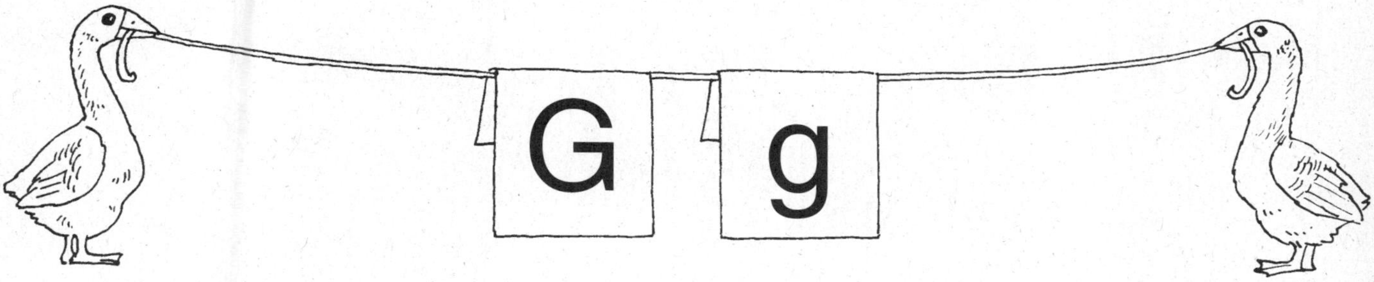

①

② **Wohin gehen wir?**

Gesa will Giraffen ansehen.

Holger will auf einem Elefanten reiten.

Papa will erstmal ein Foto machen.

Mama sagt: ...

③

G	GARAGELSTUFAHRZEUGNMAUS
g	gelbltsgutmgrüntpgmandlganztus

④

Unwetter

Gesa Holger

Donner gruseln

Hagel Graupel prasselt

Regen – Regen – Regen

Fibelseite 46/47 – Lesen und besprechen. G/g einkreisen (✱).
Reizwörter lesen, Geschichte erfinden, in „Geräuschgeschichte“ umsetzen.

① **G g**

		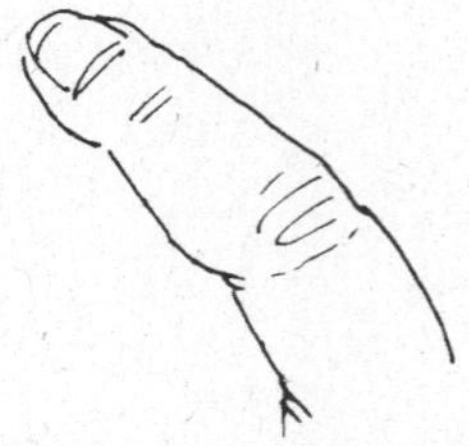	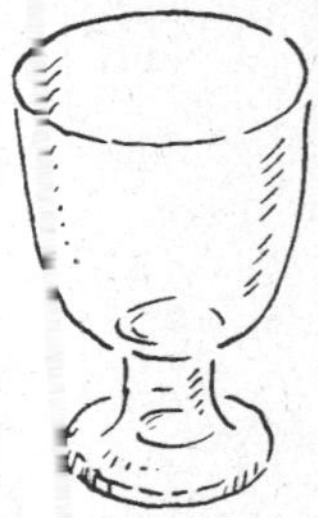

② **Was ist richtig?**

☒ Gesa und Holger sind im Garten.

☐ Georg und Holger sind im Wald.

☐ Georg und Holger sehen einen Papagei.

☐ Holger und Gesa treffen einen Igel.

☐ Georg und Holger sehen eine Giraffe.

☐ Holger und Gesa entdecken eine Gans.

☐ Gesa rennt weg.

☐ Holger rennt weg.

Fibelseite 46/47 – Stellung des g-Lautes im Wort angeben (✱).
Lesen und passenden Satz ankreuzen.

ng

Ora**ng**-Utan

① Enne menne ming
eppe deppe ding
elle kelle kling
ecke secke sing

ming mang
ding dang
kling klang
sing sang
fang!

nk

Fi**nk**

②

s	inken
w	
t r	

O	nkel
E	
H e	

d	anken
t	

d	enken
l	

Fibelseite 48/49 – Lesen. Buchstabenverbindungen ng/nk erarbeiten, ng bzw. nk einkreisen. Wörter ergänzen.

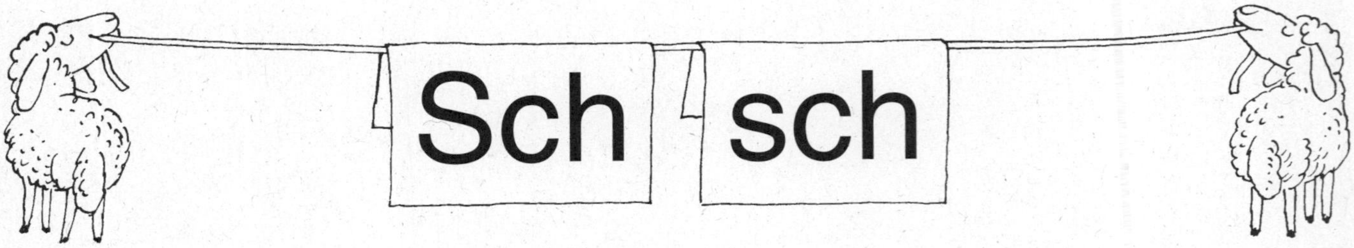

①

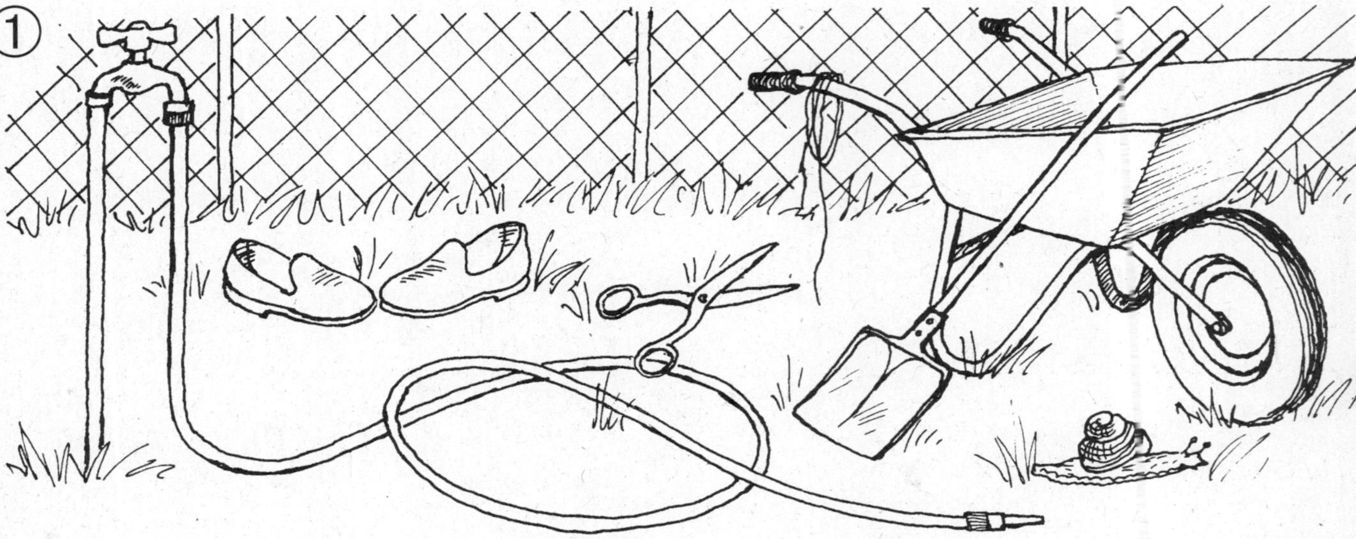

Was findest du in dem Garten?

- Schaufel ☒
- Schuhe ☐
- Schere ☐
- Schlauch ☐
- Schnur ☐
- Schaf ☐
- Schnecke ☐
- Schaukel ☐
- Schatten ☐

② Was kannst du unten eintragen?

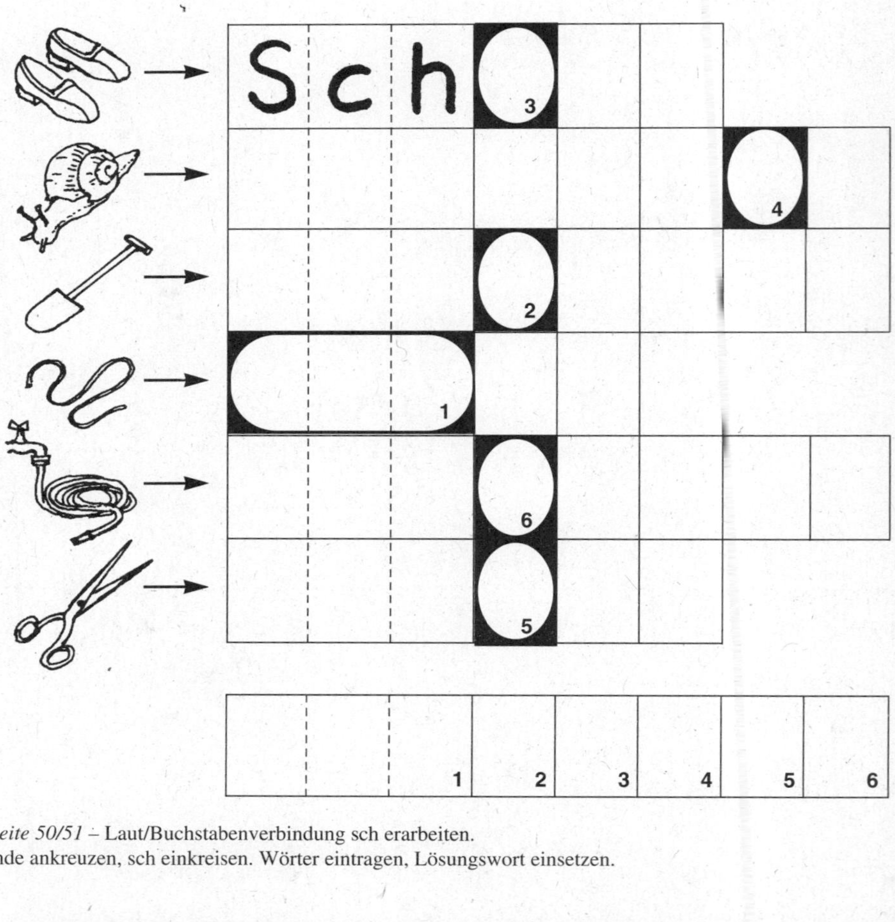

Fibelseite 50/51 – Laut/Buchstabenverbindung sch erarbeiten.
Abgebildete Gegenstände ankreuzen, sch einkreisen. Wörter eintragen, Lösungswort einsetzen.

Sch sch

Sch Sch

sch sch

Schule

schaukeln

Kirschen

Sascha schaukelt gern.

A a
B b
C c
D d
E e
F f
G g
H h
I i
J j
K k
L l
M m
N n
O o
P p
Qu qu
R r
S s
T t
U u
V v
W w
X x
Y y
Z z
Ä ä
Ö ö
Ü ü
Au au
Ch ch
Ei ei
Pf pf
Sch sch
ß
tz

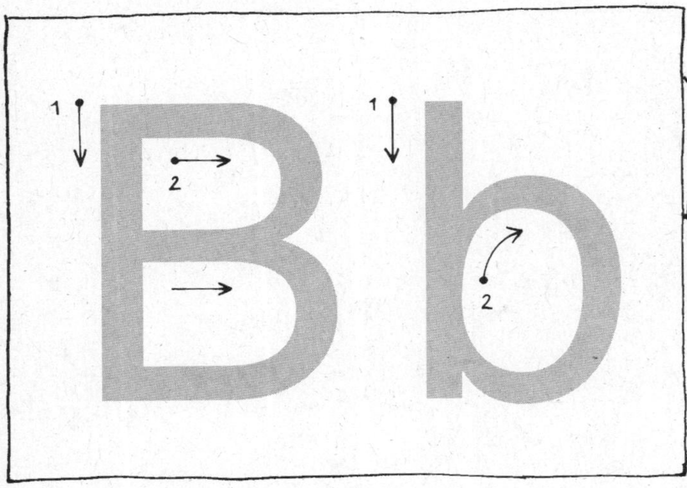

Aa
Bb
Cc
Dd
Ee
Ff
Gg
Hh
Ii
Jj
Kk
Ll
Mm
Nn
Oo
Pp
Qu qu
Rr
Ss
Tt
Uu
Vv
Ww
Xx
Yy
Zz
Ää
Öö
Üü
Au au
Ch ch
Ei ei
Pf pf
Sch sch
ß
tz

B B

b b

Banane

gelb

blau

Ben backt Brot.

①

② **Was findest du an dem Baum?**

einen Ball	☒	Trauben	☐	Barbara	☐
ein Blatt	☐	eine Brille	☐	einen Biber	☐
ein Buch	☐	ein Bett	☐	eine Gabel	☐

③ **Was magst du?** Male es gelb an.
Was magst du nicht? Male es blau an.

Birnen	baden	Bratkartoffeln
Bratwurst	Bonbons	Erdbeeren
Butter	Bananen	Himbeereis
Brot	Wurstbrot	Blumenkohl
Erbsen	Leberwurst	backen

Fibelseite 52/53 – Abgebildete Gegenstände ankreuzen. Lesen und farbig markieren.

B b

①

		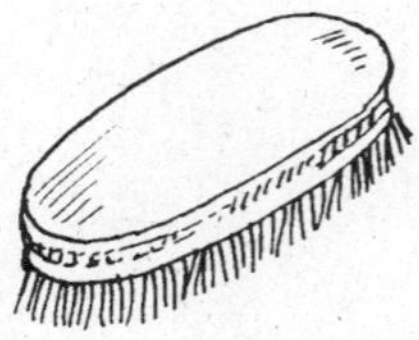	

② **Alles Unsinn?**

Der bissige Hund — bimmelt.
Barbaras kleiner Bruder — bellt.
Sebastians Daumen — brummt.
Eine dicke Hummel — blutet.
Eine kleine Glocke — badet.
Bernds Papa — backt.

③

O	L	B	U	R	G	I	L	T	S	M	P	O	R
E	D	P	T	L	K	O	R	B	R	I	L	M	P
O	B	I	L	D	R	B	M	P	I	N	S	L	T
M	O	R	N	A	M	I	S	A	L	B	E	T	D
L	E	S	K	A	L	B	N	L	N	M	B	O	S
R	N	O	I	B	A	N	A	N	E	O	R	I	T
H	I	M	B	E	E	R	E	O	M	R	P	E	L

Fibelseite 52/53 – Stellung des b-Lautes im Wort angeben (✱).
Sätze/Unsinnsätze bilden. Wörter suchen (nur waagerecht) und einkreisen.

ie

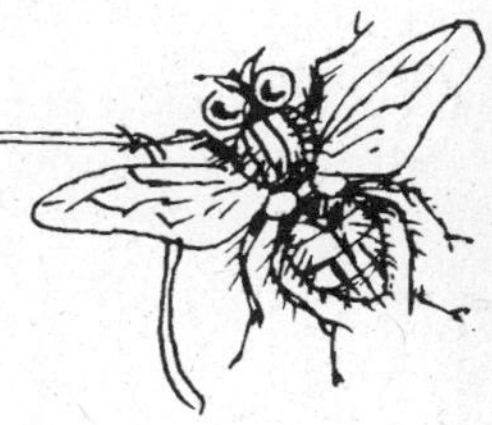

Fliege

①

Briefmarke Briefumschlag

Briefpapier

Postbote

Anschrift

Absender

Postamt

Briefkasten

Eilbote

②

		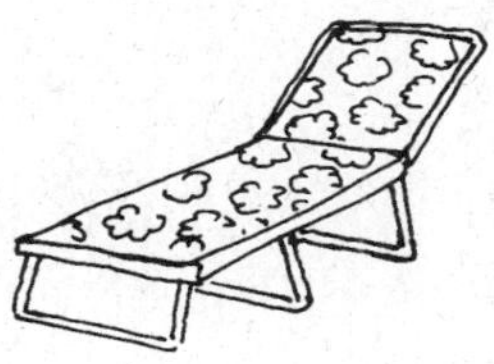	7
Sieb	**Wiege**	**Liege**	**sieben**

③

Tier — futter

park

handlung

riese

kinder

schau

Haus — tier

Schmuse

Brief

Gummi

Fibelseite 54 – Lesen und besprechen. Lesen, ie als Laut/Buchstabenverbindung erarbeiten.
Sinnvolle zusammengesetzte Wörter bilden.

① 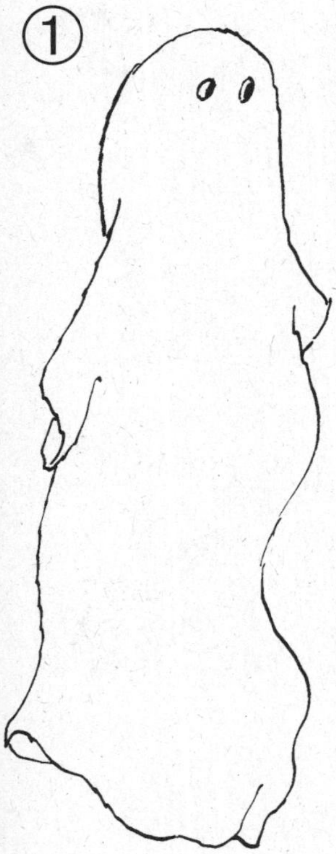

Spuk in der Speisekammer?

Geisterstunde!
Was spukt da in der Speisekammer?
Ist es ein Gespenst?
Wir schauen in die Speisekammer.
Da ist kein Gespenst.

Aber Asta!
Sie hat den Speck entdeckt
und rennt mit ihm weg.

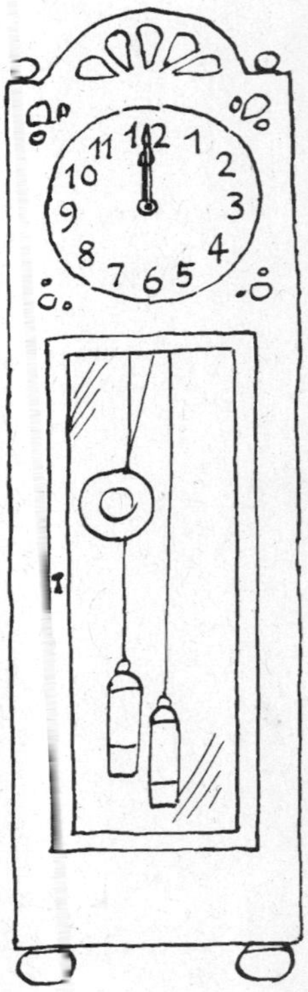

②

Sp St	st sp	St Sp
Spinne	stark	Stimme
__ iefel	__ ielen	__ ort
__ orch	__ ill	__ iel
__ inat	__ ehlen	__ irn
__ iegel	__ innen	__ ift
__ achel	__ rafen	__ rafe

Fibelseite 55/56 – Lesen, sp und st unterstreichen. Lückenwörter ergänzen.

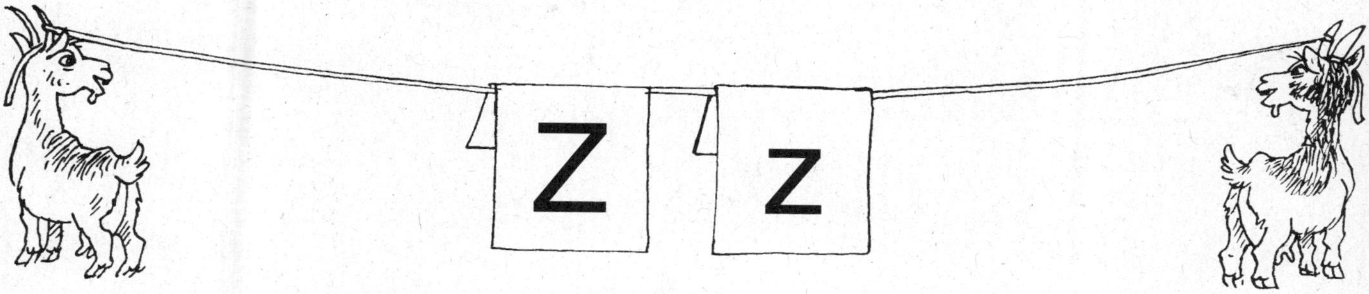

①

Zehn Ziegen zotteln

zwischen zwanzig Zebras.

②

Z	ZUGLTRANZENPIZUNGETLEZOO
z	zeigentmrtanzenatrpzartnmzittern

③

Beim Zahnarzt	**Zahlen**
der Backenzahn	zwei
der Schneidezahn	zehn
der Milchzahn	dreizehn
der Wackelzahn	achtzehn
der Zucker	zwanzig
die Zahnpasta	achtzig

Fibelseite 57 – Lesen. Z/z einkreisen (✱). Lesen.

Z z

①

	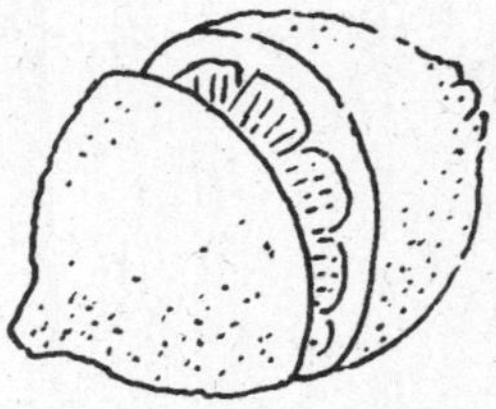	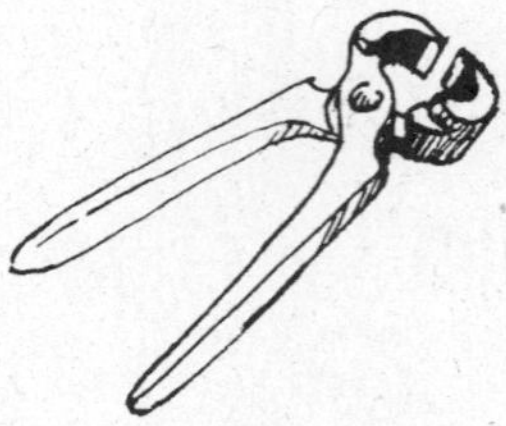	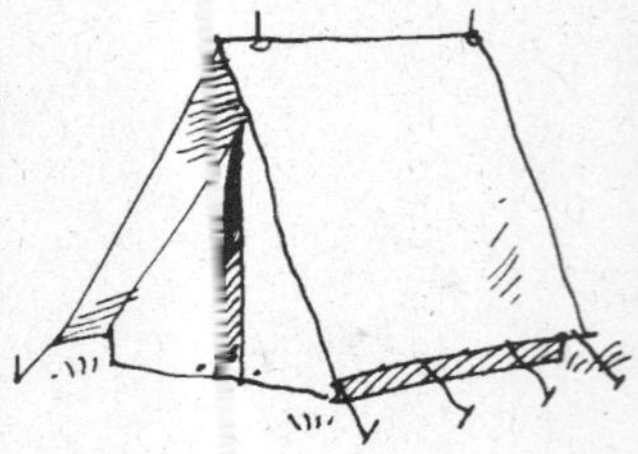

②

Zahnpasta	~~Zahnarzt~~	Milchzahn
Wackelzahn	Zahnbecher	Backenzahn

Jan ist beim Zahnarzt.

Sein ____________ tut weh.

Der Zahnarzt schaut sich Jans ____________ an.

Er sagt: „Dein ____________ wackelt schon.

In ein paar Tagen bist du ihn los.“

Er schenkt Jan eine Tube ____________

und einen ____________.

③ Male, was der Zahnarzt Jan schenkt.

Fibelseite 57 – Stellung des z-Lautes im Wort angeben (✱).
Lesen und Wörter einsetzen (mehrere Möglichkeiten). Malen.

Z Z

z z

Zug

zwei

tanzen

Lisa geht zum Zahnarzt.

A a
B b
C c
D d
E e
F f
G g
H h
I i
J j
K k
L l
M m
N n
O o
P p
Qu qu
R r
S s
T t
U u
V v
W w
X x
Y y
Z z
Ä ä
Ö ö
Ü ü
Au au
Ch ch
Ei ei
Pf pf
Sch sch
ß
tz

Ää Öö Üü

Ä Ä

ä ä

Bär

Ö Ö

ö ö

Flöte

Ü Ü

ü ü

Rücken

Käfer mögen grüne Blätter.

A a
B b
C c
D d
E e
F f
G g
H h
I i
J j
K k
L l
M m
N n
O o
P p
Qu qu
R r
S s
T t
U u
V v
W w
X x
Y y
Z z
Ä ä
Ö ö
Ü ü
Au au
Ch ch
Ei ei
Pf pf
Sch sch
ß
tz

Käfer Vögel Küken Mäuse

①

Da liegt ein Brot.

Da schläft ein Hund.

Da läuft eine Maus.

Schwupp, huscht die Maus ins Loch. Nur der Schwanz schaut heraus.

Da liegen fünf Brötchen.

Da schlafen zwei Hündchen.

Da laufen fünf Mäuse.

Schwupp, huschen die Mäuse in die Löcher. Nur die Schwänze schauen heraus.

②

fünf Äste – ein **Ast**

das Männlein – der ____________

das Glöckchen – die ____________

zwei Türme – ein ____________

das Würmchen – der ____________

das Äuglein – das ____________

Fibelseite 58/59 – Lesen und passende Bilder malen. Aus Mehrzahlwörtern Einzahlwörter bilden.

①

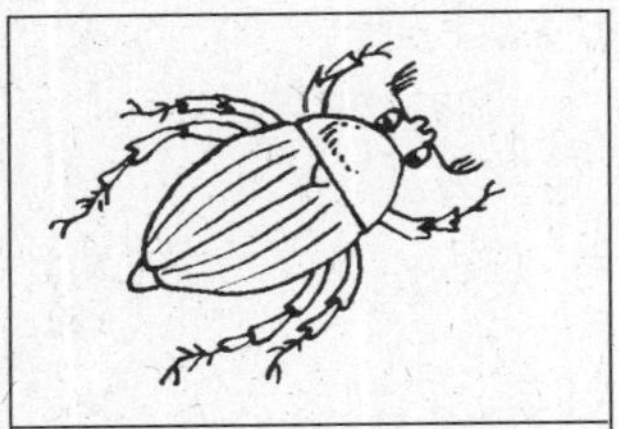

K ä fer

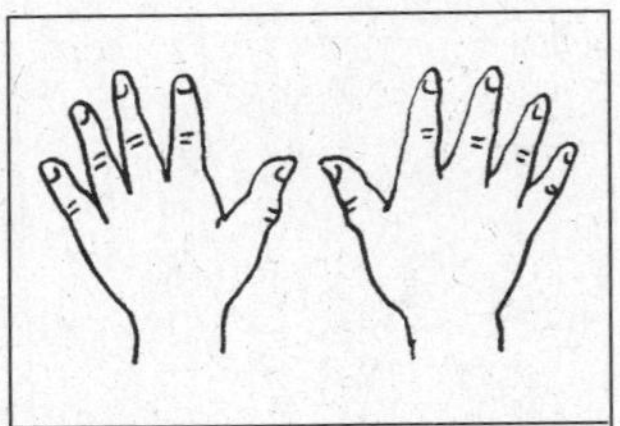

H _ nde

L _ we

Br _ cke

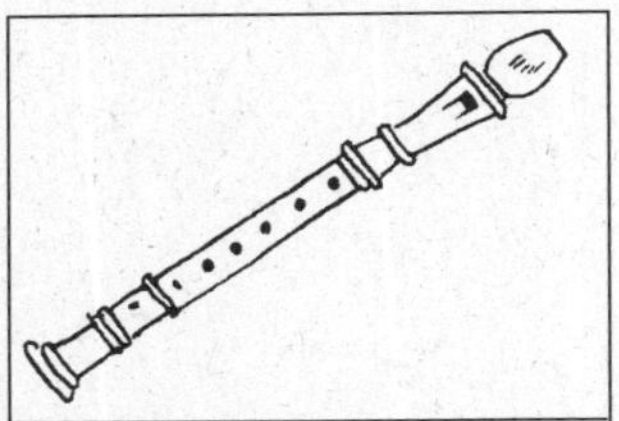

Fl _ te

ä ä ö ö ü ü

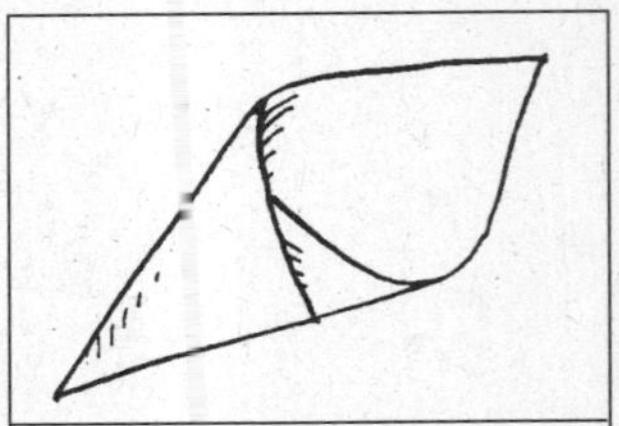

T _ te

② **Nanu, da fehlt doch etwas!**

Mauslein, Mauslein,
komm aus deinem Hauslein!

Lowen haben eine Mahne.
Mowen fliegen uber Kahne.

Deinen Rucken
kannst du bucken.

Lugen-Marchen

Funf Lowen sahen in der Wuste
auf einmal Mowen an der Kuste.
Sie schuttelten die Mahnen,
und lachten grune Tranen.

Fibelseite 58/59 – Lückenwörter ergänzen. Lesen und Umlaute vervollständigen.

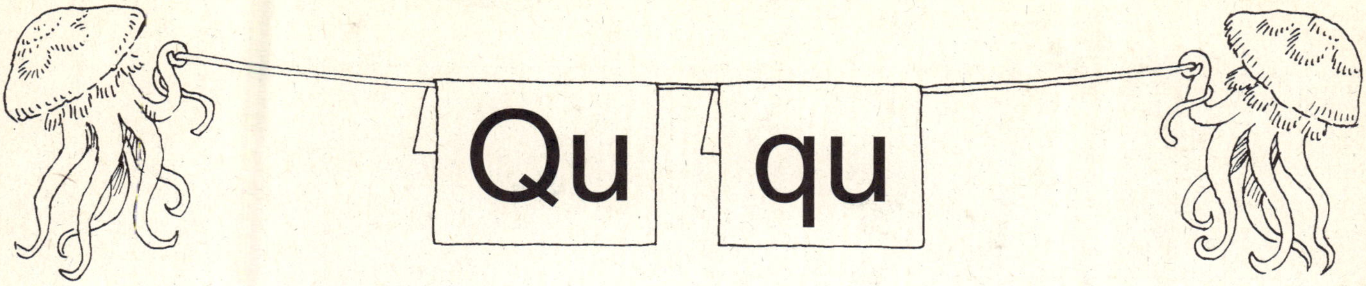

①

So ein Quatsch!

Hoch oben auf dem Baum
quakt ein kleiner Frosch.
Aus dem Felsen qualmt eine Erdbeerquelle.
In der Schule malen Kinder runde Quadrate.

②

Qualle|QuelleQuatschQuarkQuitteQuirlQuiz
quakenquellenquatschenquiekenquetschen
quietschenquasselnquälenqualmenquerquirlig

③

Quasseltante Frida Stark
und Quasselonkel Quintus
machten Himbeersahnequark
und dazu Quittenmus.

Fibelseite 61 – Lesen und besprechen.
Wörter durch senkrechte Striche voneinander trennen. Lesen.

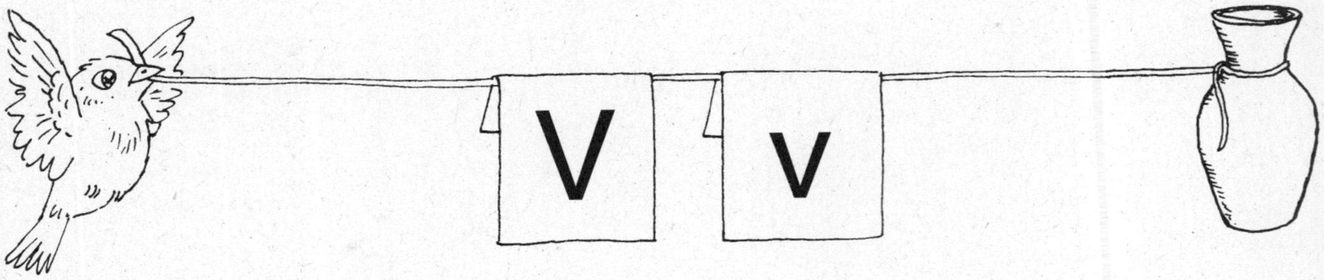

① **Lies die Wörter laut.** Merkst du etwas?

Video Viktor Vase Vogel

Vater Vieh Vorhang Verbot Vetter

Vera Veronika

Vanille-Eis Volker Venedig vor

Veilchen voll viel vielleicht

vier von

Manchmal klingt V wie F : Vogel

Unterstreiche diese Wörter in der Wolke grün.

Manchmal klingt V wie W : Vase

Unterstreiche diese Wörter in der Wolke gelb.

② **Trage die passenden Wörter ein.**

Die Blumenschale ist ____________ mit Erde. 

Vor der Villa stehen ____________ Autos. 

Meine Schwester wird bald ____________ Jahre alt. 

Ich habe schon ____________ Bücher. 

vier | viele | voll | vierzehn

Fibelseite 62/63 – Lesen, Lautvarianten des v-Lautes erkennen und farbig markieren.
Lesen und Wörter einsetzen.

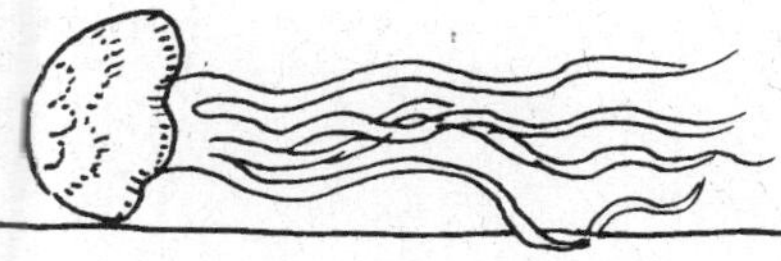

Qu qu | Vv

Qu Qu

qu qu

Quelle

quer

V V

v v

Vogel

vier

Vater kauft viel Quark.

A a
B b
C c
D d
E e
F f
G g
H h
I i
J j
K k
L l
M m
N n
O o
P p
Qu qu
R r
S s
T t
U u
V v
W w
X x
Y y
Z z
Ä ä
Ö ö
Ü ü
Au au
Ch ch
Ei ei
Pf pf
Sch sch
ß
tz

X x Y y

X X

x x

Hexe

boxen

Y Y

y y

Ypsilon

Hobby

Trixi hext ein Xylophon.

A a
B b
C c
D d
E e
F f
G g
H h
I i
J j
K k
L l
M m
N n
O o
P p
Qu qu
R r
S s
T t
U u
V v
W w
X x
Y y
Z z
Ä ä
Ö ö
Ü ü
Au au
Ch ch
Ei ei
Pf pf
Sch sch
ß
tz

Eu eu

① **Kluge Sprüche von der Eule!**

Man soll nicht mit dem Feuer spielen. — Manche Sachen sind gefährlich.

Das kommt ihn noch teuer zu stehen. — Das wird ihm noch mal leid tun!

Dann werde ich mal deutlich! — Dann werde ich mal klipp und klar sagen, was ich meine.

Morgen, morgen, nur nicht heute, sagen alle faulen Leute.

oder

Was du heute kannst besorgen, das verschiebe nicht auf morgen.

②

Feuer

- leiter
- alarm
- wache
- wehr
- tier
- stelle
- wehrauto

③

F	r	e	u	n	d		
						i	n
						e	

F	e	u	e	r
t				

h	e	u	t	e
L				

	E	u	l	e
B				

Xylophon Pon**y**

①

Die Hexe Trixi
hat Hexensprüche
in ihr Hexenheft
geschrieben.

Mixi, pixi, paxi, ich hexe fix ein Taxi.	Hixi, haxi, eins, zwei, drei, fliege Axt, hol Holz herbei!
Ixen, dixen, daxen, ich hexe warme Haxen.	Trixi, traxi, malexas, ich hexe mich nach Texas.

②

Was ist das?

1) Ein ganz kleines Kind ist ○	○ ein Teddy .
2) Das Rind in Tibet nennt man ○	○ ein Baby .
3) Ein Kuscheltier ist ○	○ eine Pyramide .
4) Ein Teil am Fahrrad, das für Licht sorgt, ist ○	○ Yak .
5) Ein riesiges Grabmal in Ägypten ist ○	○ ein Dynamo .

Fibelseite 66/67 – Lesen und erzählen. Sätze mit passendem Begriff vervollständigen.

① **Gibt's das?**

Die Pferde	impfen	den Doktor.
Die Schüler	schimpfen	mit dem Lehrer.
Die Hunde	pfeifen	dem Herrchen.
Die Schirme	klopfen	auf die Regentropfen.

②

Pfote|PfennigPflanzeApfelKopfTopfZopfPfütze
PflasterStrumpfDampfTropfenPfannePfeifePfeil

③ Auf Hitze reimt sich ______ .

Auf Mütze reimt sich ______ .

Auf Blitz reimt sich ______ .

Auf Katze reimen sich ______ und ______ .

Auf Schatz reimen sich ______ und ______ .

Glatze | Spritze

Pfütze | Spatz | Tatze | Platz | Sitz

Fibelseite 68/69 – Unsinnsätze lesen. Wörter durch senkrechte Striche voneinander trennen.
Sätze mit Reimwörtern vervollständigen.

①

Faß	beißen	gießen	Nuß

②

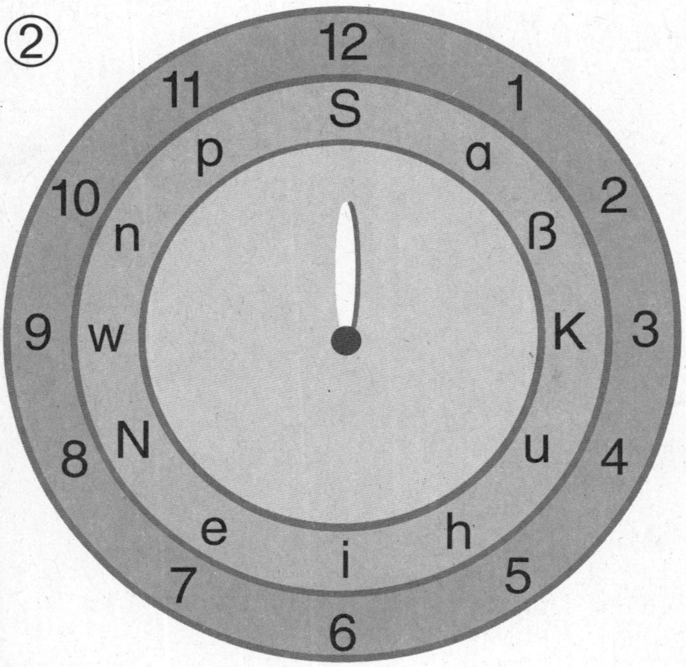

Kasper macht S ___ ___ ___ .
12 11 1 2

Regen macht ___ ___ ___ .
10 1 2

Wer knackt die ___ ___ ___ ?
8 4 2

Wer gibt mir einen ___ ___ ___ ?
3 4 2

Kreide ist ___ ___ ___ ___ .
9 7 6 2

Die Sonne scheint ___ ___ ___ ___ .
5 7 6 2

Fibelseite 68/69 – Lesen und ß als Laut erarbeiten.
Wörter aus Buchstabenuhr entschlüsseln und Sätze vervollständigen.

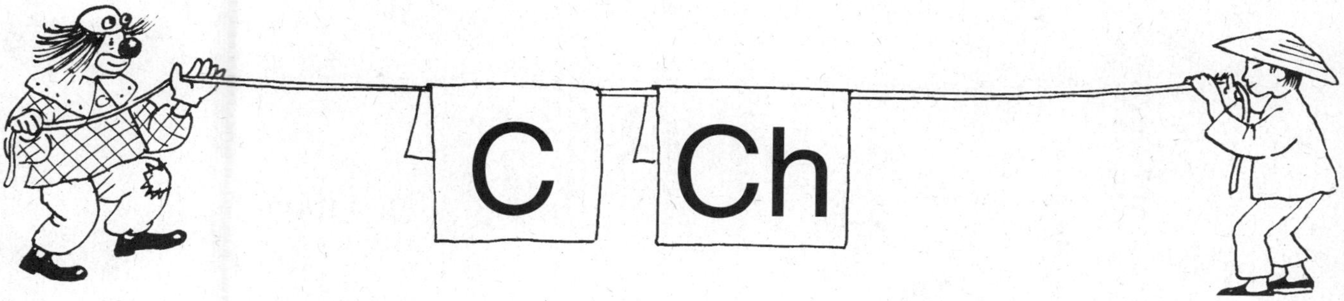

① Carlo, der Clown, liebt Creme:

Schokoladencreme
Erdbeercreme
Sahnecreme
Quarkcreme
Buttercreme
Hautcreme

② Schokolade
Schokoladencreme
Schokoladencremetorten
Schokoladencremetortenstückchen
Schokoladencremetortenstückchenrest

③ Es gibt viele Namen mit C oder Ch :

CARMEN|CLEMENSCLAUDIACORNELIUSCHRIS CHRISTIANCARLOCAROLINCARINACLAUDIUS CHRISTINACHRISTIANECLEMENTINECLARA

Unterstreiche die Mädchennamen blau.
Unterstreiche die Jungennamen gelb.

Pf pf tz ß

C Ch

Pf Pf

pf pf

pfeifen

tz tz

Pfütze

ß ß

groß

C C

Ch Ch

Clown

A a
B b
C c
D d
E e
F f
G g
H h
I i
J j
K k
L l
M m
N n
O o
P p
Qu qu
R r
S s
T t
U u
V v
W w
X x
Y y
Z z
Ä ä
Ö ö
Ü ü
Au au
Ch ch
Ei ei
Pf pf
Sch sch
ß
tz